Amago de sonrisa

La Tortuga Búlgara

Amago de sonrisa

Alexánder Shúrbanov

traducción del búlgaro:

Marco Vidal González

La Tortuga Búlgara

Amago de sonrisa

colección: *Bulgaria: poesía actual nº2*

dirige la colección: Marco Vidal González
© diseño de la colección: María Vera Avellaneda

© diseño de portada y maquetación: María Vera Avellaneda

© Alexánder Shúrbanov, de los textos en búlgaro
© Marco Vidal González, de la traducción
revisión de la traducción: Katya Gérova

© La Tortuga Búlgara, de esta edición

La Tortuga Búlgara
Islas Baleares - Madrid (España)
latortugabulgaraediciones@gmail.com
www.latortugabulgara.com

primera edición: abril 2024

ISBN-13: 978-84-127697-3-9
depósito legal: M-4769-2024

tipografías empleadas: Lora y Nunito

impreso en España
printed in Spain

www.latortugabulgara.com

Índice

Amago de sonrisa

Пришелецът

Розово фламинго се заселва,
кой знай откъде довяно
покрай езерата на Бургас —
дългокрако,
тънкошийно
другоземно розово изящество,
като крехък декадентски навей
в здравомислещата българска душевност.
Нашата природа го похваща
неумело нежно
с грубите си пръсти
и внимава
да не го пречупи.

Extranjero

Un flamenco rosa se posa
—quién sabe de dónde habrá venido—
cerca de los lagos de Burgás:
patas largas
fino cuello
rosa belleza de otro mundo,
frágil y decadente reminiscencia
para el sentido común del paisano.
Pero esta naturaleza lo aferra
con morbidez, torpe,
sus toscos dedos
procuran
no herirle.

В този град
излизаш да купиш мляко
и се препъваш в политика,
срещаш на улицата приятел
и политиката пада между вас
от балкон или покрив,
за да се пръсне в краката ви,
заговаряш на масата със жена си
за утрешния ден
и телевизията ви надвиква
с политически лозунги.

Искам да се скрия от политиката,
да легна под някой бор
сред дивите ягоди
далеч от всички площади.
Но знам, че рано или късно
политиката ще ме намери,
ще ме изведе за ухото оттам
и ще ми поиска сметка
за отсъствието.

En esta ciudad
sales a comprar leche
y te tropiezas con la política,
te encuentras por la calle con un amigo
y la política cae entre vosotros,
desde un balcón o un alero,
para estallar a vuestros pies,
hablas con tu mujer
del plan para mañana
y la televisión os vocifera
lemas políticos.

Hurtarme de la política,
tumbarme bajo un pino
entre fresas silvestres
lejos de todas las plazas.
Sé que tarde o temprano
la política dará conmigo,
me tirará de las orejas
y pedirá rendir cuentas
por mi ausencia.

Чудовища в лодката

— Представи си —
каза някога моят приятел, –
Хитлер да ти е чичо.
(Баща му беше директор
на средноголям комбинат.)
Алла рисува Фюрера
на лодка с красива дама
сред идилично езеро –
като в илюстрована картичка
от времето преди Войната.
Той на вид е почти човек.
Няма кръв по зъбите.
Издава го само погледът,
втренчен от упор в дамата –
същински стоманен щик.
Чудовищата се раждат сред нас,
имат майки и племенници,
не се различават от другите.
Допускам дори, че не знаят,
че са чудовища.

Monstruos en barca

— Imagina —
me dijo un día mi amigo,
que Hitler fuera tu tío.
(Su padre era director
de una empresa mediana).
Mi amiga Ayla dibuja al Führer
en una barca con una bella mujer
sobre un lago idílico:
como una postal ilustrada
de antes de la Guerra.
Parece casi humano.
Sin sangre en los dientes.
Le delata sólo su mirada
clavada fija en la mujer:
una auténtica bayoneta de acero.
Entre nosotros los monstruos nacen,
tienen madres y sobrinos,
no nos diferenciamos.
Supongo que no sabrán
que son monstruos.

Царството на сенките

В подлеза под закачалките с преоценени дрехи
сенките са легнали като бездомни кучета.
Продавачката с дълбоки сенки под очите
вече няма сили да протегне поглед.
Млад човек с интелигентен вид събужда флейтата си
както принцът спящата царкиня — със целувка.
Аз минавам без да видя нищо.
Трябваше да пусна своя звън на никел
в пустотата на картонената му кутия.
Но това е подлез. Докогато можем,
нека се катерим пак навън, към онзи
горен свят, където музиката блика
в сребърен фонтан под златни полилеи
и в съня ни само като глуха бездна
тъмно се надига царството на сенките.

Reino de sombras

En el pasaje subterráneo, al pie de los percheros de ropa rebajada,
las sombras se han acostado como perros callejeros.
La dependienta, con grandes ojeras,
ya no tiene fuerza ni para alzar la vista.
Un hombre joven, de aspecto inteligente, despierta su flauta
como príncipe a bella durmiente — con un beso.
Paso sin fijarme.
Tendría que haber dejado sonar el níquel
en el vacío de su caja de cartón.
Pero es un pasaje subterráneo. Mientras podamos,
sigamos subiendo, hacia aquel
mundo superior, donde la música brota
en una fuente de plata bajo doradas lámparas colgantes,
y solo en nuestro sueño, como un sordo abismo,
oscuro se eleva el reino de sombras.

Закуска с нар

Ножът минава напряко
през облото тяло на нара,
защото е тесен и твърд.
По острието и по моите пръсти
потича нещо,
което прилича на кръв.

Зимата пее своята зла песен
зад двойния стъклопакет.
Радиаторът в моята санирана стая
е включен на пет.

Всички бедствия на тази обла планета
са през девет земи —
сенки, пробягващи
по екрана на телевизора,
прозрачни, безименни,
космически мъглявини.

Само по пръстите ми какви са тия
тъмночервени петна?
Нищо, нищо, това са следите
на разполовения нар.

Desayuno con granadas

El cuchillo atraviesa en plano recto
el redondo cuerpo de la granada,
aguzado y rígido.
Por su filo y mis dedos
algo chorrea
que pareciera sangre.

El invierno canta su feroz canto[1]
tras el doble acristalamiento.
El radiador de mi renovada habitación
al máximo.

Todos los desastres de este redondo planeta
ocurren en tierras remotas —
sombras corretean
por la pantalla del televisor,
transparentes, anónimas,
nebulosas cósmicas.

Pero ¿manchas rojas
oscuras en mis dedos?
Nada, nada, rastros
de la granada cortada en dos.

---

[1]   Se refiere a un verso de Hristo Botev del poema *El ahorcamiento de Vasil Levski* (traducción de Zhivka Baltadzhieva).

Компроматът

Свраката е горда птица.
Вижда се
по походката,
по изпъчването на гърдите,
по хусарския мундир
в бяло и кралско синьо
и по острата опашка,
щръкнала под него
като мускетарска шпага.
Някои са убедени,
че е крадла.

Libelo

La urraca es un pájaro orgulloso.
Se aprecia
por su andar,
el pecho hinchado,
su uniforme de húsar
de blanco y azul real
y la cola picuda
empinada como
espada mosquetera.
Algunos la tachan
de ladrona.

Кръгът се затваря

Sea turtles thrive as coronavirus lockdowns empty nesting beaches, experts say.

(От медиите)

И ето, че заразата заби
живачен стълб в сърцето на човеците.
И те залостиха сами вратите си
един срещу един и срещу всички.
И станаха затворници на своя първозданен страх.
И скоро
през прозорчетата на килиите си,
през решетките
видяха как стада от костенурки плъзнаха
от океана
по опразнените първокласни плажове,
за да снесат яйцата си под златния възвърнат пясък,
защото Господ беше повелил:
„Плодете се",
и как елените превземат стихналите паркове,
повдигайки небето на рогата си,
а подир тях в града се връщат дебнещите вълци
и скалните орли,
и чучулигите.
Като приижадаща вода
природата отблъсната залива
отново пресушените места,
поглъща грозните плешиви острови,

34

El círculo se cierra

Los expertos sostienen que la población de tortugas
marinas medran a la par que el confinamiento por
el coronavirus vacía las playas de anidamiento.

(Los medios)

Pues la infección ha clavado
el dardo de mercurio en el corazón de los hombres.
Ellos mismos echaron el cerrojo a sus puertas
unos contra otros y contra todos.
Prisioneros de su miedo atávico.
Y muy pronto
por las rendijas de sus celdas,
tras las rejas
vieron cómo miríadas de tortugas se deslizaban
desde el océano
por las playas de primera clase, desiertas,
para anidar sus huevos bajo la recuperada y dorada arena,
pues Dios había ordenado:
Multiplicaos;
y cómo los ciervos se apoderaban de los calmos parques,
levantando el cielo con sus cuernos,
y tras ellos a la ciudad volvían acechantes lobos
y águilas reales,
y alondras.
Como una riada
la naturaleza, repelida, volvió
a inundar parajes resecos,
a engullir esas feas islas calvas

за да затвори заздравяващата рана.
И подир тежкото си боледуване
земята се закръгля пак —
прекрасна,
и здравата руменина
се връща с всеки изгрев по страните ѝ.

para cerrar la herida que trata de cicatrizar.
Y tras la crisis álgida
la tierra vuelve a girar —
espléndida,
y un sano rubor vuelve
cada amanecer a sus mejillas.

Утешението

Егоист е орехът.
Под тежката му сянка
нищо не вирее.

А пък вътре в него
шарки, шарки —
сънища надиплени
за друг живот,
какъвто
само щедрото дърво живее.

Е, какво пък,
след смъртта си
с тяхна помощ
във фурнир на скъпа мебел
може да изгрее.

Consuelo

Es egoísta el nogal.
Bajo su pesada sombra
nada crece.

En su interior
franjas y franjas —
sueños arrancados
a otra vida
que pródigo
solo el árbol habita.

Bueno, qué más da,
si tras morir
su veteado pueda
en la chapa de un caro mueble
lucir.

Есен

Все по-редки са листата на дърветата
пред нашия прозорец —
все по-надалече
виждам малкия ни син,
когато сутрин крета към училище
и се обръща често-често да ни маха.

Otoño

Cada vez menos hojas de árbol
frente a la ventana
cada vez más alejado
nuestro pequeño hijo
cuando va por la mañana tranquilo al cole
y se gira a menudo para saludarnos.

Избор

Обонянието ми,
все тъй невинно,
предпочита газовете
на цъфтящата липа
пред уханието на автомобила.
Но понеже съм поел на път
и умът по този път ме води,
аз направих вече своя избор
въпреки съветите на сетивата
и над корена
поставих колелото.

Elección

Mi olfato,
siempre tan inocente,
prefiere los gases
del tilo florecido
al aroma del coche.
Pero, como inicié este camino,
mi conciencia por aquí me lleva,
a pesar del aviso de los sentidos
ya hice mi elección
y sobre las raíces
puse la rueda.

Ех, игрите!

Шумата, събрана на купчина,
презимува в градската градина.
Две деца край тихата алея
днес видях да се търкалят в нея.
Долетя до мен смехът им, смесен
с трелите на звънка птича песен.
Боже, колко весело им беше!
Шумата край тях отвред шептеше.
Толкова ръчички и крачета –
ще помислиш, че са цяла чета.
Чак ми се прииска там с децата
да се търколя и аз в играта.
Но си рекох: още не е време,
засега играем на големи.

¡Ah, jugar!

El follaje, amontonado en un almiar,
en el jardín urbano hiberna.
Dos niños cerca de la tranquila vereda
vi hoy por él rodar.
Volaban sus risas
junto a sus agradables trinos.
Dios mío, ¡qué bien se lo pasaban!
El follaje alrededor les susurraba.
Tantas manitas y pies:
creerías que eran un pelotón entero.
Hasta me dieron ganas de unirme
y jugar a revolcarme con ellos.
Pero me dije: aún no es momento,
por ahora juego a ser mayor.

С дърветата съм в мир

Идвам при тях
след всяка битка
като при съюзници,
които няма да ме предадат.
Те ме посрещат неизменно с птици.
От мен не искат нищо.
Обичта им е
братска -
непитаща и мълчалива.
Не помня
да съм я заслужил с нещо.

Con los árboles estoy en paz

A su lado me dirijo
después de cada batalla
como hacia aliados
que sé que nunca me traicionarán.
Me acogen siempre con pájaros.
Nada me piden.
Su amor obvia
explicaciones.
Fraternal y taciturno.
No sé por qué
lo mereciera.

Клонка

Една клонка пред моя прозорец
трепка отчаяно.
Преди да повдигна очи
там е имало птица.

Rama

Una rama frente a mi ventana
tiembla desesperada.
Antes de levantar la vista
allí había un pájaro.

Дървото - този неизтребен андрогин!
Самозаченато в пръстта пред моя праг
и самооплодено -
ето вече връзва
първи златен плод
на връх зелената си слава.
Сам-самичко.
Не му е нужно нищо -
само малко слънце,
дъжд
и милосърдието на човека.

El árbol: este andrógino indestructible

Autoengendrado en la tierra de mi umbral
y autofecundado:
mira, ya empieza a madurar
la primera fruta dorada
en la cima de su gloria verde.
Él solito.
No necesita nada más:
le basta con un poquito de sol,
lluvia
y compasión humana.

Взривената банка

Зрели портокали
висят сред клоните над улицата
като златни кюлчета,
пръснати от взривена банка.
Клекнала
под тях на тротоара,
просякинята
измолва с плач
по някой жалък цент
от минувачите.
Нейният занаят
не й оставя време
да вдигне поглед по-високо
от ръцете на човеците.
Ръце, които преминават
край плача ѝ.

El banco dinamitado

Naranjas maduras cuelgan sobre la calle
entre las ramas
como lingotes de oro
metralla de banco dinamitado.
Arrodillada bajo ellas
en la acera
una mendiga
implora a los viandantes
un triste céntimo
con su llanto.
Su oficio
no le deja tiempo
de elevar su mirada más arriba
de las manos de las personas.
Esas manos que pasan
cerca de su llanto.

Бариерата

От света на сцената
артистът ми се усмихна
и не знаех
дали да приема усмивката
като разпознаване
като поздрав към мен
в моята външна реалност
или като жест от пиесата
запратен в чуждо пространство
в което аз само съвпадам
с някакви други присъствия
и нямам ни образ
ни място

La barrera

Desde el mundo del escenario
el artista me sonríe
y no sabía
si aceptar la sonrisa
como reconocimiento
como saludo
en mi realidad externa
o como un gesto de la escena
arrojado a un espacio ajeno
en el que solo coincido
con otras presencias
y no tengo ni imagen
ni lugar

Публично лице

Усещаш
как гръбнакът му е стегнат,
стъпката — внимателна.
Като индийка
с делва върху главата.
Носи нещо тежко —
като съдба —
на раменете си,
нещо, което
събира всички
разпилени погледи
по пътя
и ги трупа върху себе си.
Като лице,
полепнало върху лицето му.
Иска му се да го разчупи,
да го хвърли,
да избяга.
Като сърна.
Мечтае за гората.

Personaje público

Sientes
cuán tensa está su columna,
su paso — cuidadoso.
Como una hindú
con una jarra en la cabeza.
Lleva algo pesado —
una especie de sino —
sobre sus hombros,
algo que
atrae todas
las miradas dispersas
por el camino
y las amontona sobre sí.
Como una cara
superpuesta a su cara.
Querría romperla,
tirarla,
huir.
Como corzo.
Ansia de bosque.

Пощальони

Писмата,
които си разменят котките,
ние пренасяме
по връхните си дрехи.
Едно отъркване,
едно подушване —
и съобщението е получено.
Разбира се
по щръкването на опашката.
Никой не е поискал
съгласието ни.
Мислим,
че сме им господари,
а ни използват
като пощальони.
За всичко друго
се справят и без нас.
Намигат си
зад гърбовете ни.
Не ни ценят
особено високо.

Mensajeros

Las cartas
que intercambian los gatos,
las llevamos nosotros
en nuestros abrigos.
Un frote,
un olfateo —
y el mensaje es recibido.
Se sabe
por la cola alzada.
Nadie nos pide
bencplácito.
Pensamos
que somos sus amos,
pero nos usan como
simples carteros.
En todo lo demás
sin nosotros se apañan.
Se guiñan
a nuestras espaldas.
No nos aprecian
mucho.

Божества

На острова,
наречен от португалците
Елефанта,
няма слонове.
Има подскачащи около туристите
маймуни,
които се опитват да докопат
я портокал,
я фотоапарат.

Но в пещерата върху хълма,
далеч от врявата
седи невъзмутимо
каменният Шива
с трите лица:
Творец, Хранител, Разрушител.
Клепачите му са блажено
отпуснати —
вече тринайсет
или четиринайсет века
на сътворение, на съхранение, на разрушение.

Точно насреща
върху един съседен остров,
засега безимен,
е новопостроената
ядрена електроцентрала.
Ако дрямката му
не бе така дълбока,

Deidades

En la isla,
llamada por los portugueses
Elefanta
no hay elefantes.
Hay monos saltarines
entre los turistas,
intentando agarrar
una naranja
o una cámara.

Pero en la cueva de la colina,
lejos del tumulto
permanece impasible
Shiva en piedra
con tres rostros:
Crear, Preservar, Destruir.
Sus párpados, dichosos,
llevan cerrados —
ya trece
o catorce siglos
de creación, preservación, destrucción.

A su frente
en una isla vecina,
aún sin nombre,
hay una recién construida
central nuclear.
Si su letargo no fuera
tan profundo,

можеше да й се полюбува
като на щерка.
Тя дори прилича
на него
по осанката си,
по спокойствието,
изпълнено със сила.
И макар да няма
нито едно лице,
е също сляпа.

la apreciaría
como a una hija.
Incluso se parece
a él
en su porte,
por la tranquilidad
plena de poder.
E igual aunque no tenga
ningún rostro,
es ciega.

Снимка за спомен

Пред стената,
изподупчена
като от обстрел,
вие стоите изправени
рамо до рамо —
неусмихнати,
неуплашени,
несъгласни,
невъоръжени —
двама преводачи
на художествена
литература.

Foto de recuerdo

Contra el muro,
agujereado
como tras un tiroteo,
permanecen de pie
hombro con hombro —
serios,
impávidos,
discordantes,
desarmados —
dos
traductores
literarios.

* * *

Едно врабче
влачи парче
прозрачен найлон.
Дръпне отсам, дръпне оттам —
чуди се
какво да го прави.
Нито става за гнездо,
нито за ядене —
чуждо на този свят,
неразбираемо.
Като човешкия разум.

* * *

Un gorrión
arrastra un trozo
de plástico.
Lo arrastra por aquí, por allí —
duda
qué hacer con él.
No sirve para nido,
ni de comida —
ajeno al mundo,
incomprensible.
Como la mente humana.

Старите дами

Бавно, внимателно стъпват
старите дами
по градските улици.
А някога припкаха,
нехаеха,
че тротоарите са разбити,
че може да счупят краката си.
Как с времето
всичко, което имаме,
става по-ценно
и по-неспасяемо.

Señoras

Lento, precavidas, las señoras
caminan
por las calles.
Antes hubieran dado saltitos,
despreocupadas
de los socavones
y del riesgo de quebrarse una pierna.
Verdad, con el tiempo
cuanto poseamos
tan valioso se torna
irrecupcrable.

Свободата и хлябът
не са врагове,
но не са и приятели.
Виждал съм
как се разделят —
всеки по своя пътека,
без да си кажат
довиждане.
А тълпата
остава на кръстопътя
и се чуди
след кого да поеме.

Libertad y pan
no son enemigos,
pero tampoco amigos.
Los he visto
separarse —
cada uno por su camino,
sin decirse
adiós.
La multitud
en la encrucijada
dudando
a quién seguir.

* * *

Животът се е вкопчил
за ръба на този свят.
Като бръшлян.
Не — като врана.
С остри нокти.
Решил е сякаш
да остане тук завинаги.
Но има и крила.

* * *

La vida se aferra
al borde de este mundo.
Como hiedra.
No — como un cuervo.
Con garras agudas.
Como si hubiera decidido
quedarse aquí por siempre.
Mas tiene alas.

Изхвърляйки боклука
тази сутрин,
чакам на опашка
зад онзи,
който рови в него.
Главата и ръцете му
до раменете са в контейнера.
Пред мене е гърбът му
в яке втора употреба
и краката — тънки,
повдигнати на пръсти.
Неудобно ми е някак
да го изместя —
може би току-що е намерил
каквото търси.
А натъпканият найлон,
издут от вчерашни излишества,
тежи в ръката ми
като торбата на разбойник.

Tirando la basura
esta mañana,
espero haciendo cola
tras el que
rebusca en ella.
Su cabeza y sus manos
hasta los hombros en el contenedor.
Ante mí veo su espalda
cubierta con chaqueta de segunda mano
y las piernas — delgadas,
de puntillas.
Me resulta incómodo
quitarle su puesto —
puede que ya haya encontrado
lo que sea que buscara.
La bolsa abarrotada, hinchada
por las abundancias de ayer,
me pesa en la mano
como mochila de bandido.

Метемпсихозис

В това краковско кафене
някой разсеян поляк
си е тръгнал с моята шапка
и е оставил на закачалката своята,
която прилича на нея,
но е по-смачкана,
по-омазнена.
Навън е студено.
Нахлупвам чуждата шапка
и тръгвам по непознатата улица
в случайна посока,
а главата ми се изпълва
с мисли и грижи,
които не са мои.

Metempsicosis

En este café de Cracovia
algún polaco distraído
se marchó con mi sombrero
y ha dejado el suyo en la percha
similar al mío,
aunque algo más arrugado
y mugriento.
Afuera hace frío.
Me encajo el sombrero ajeno
y deambulo por calles desconocidas
sln rumbo,
en mi cabeza van irrumpiendo
pensamientos y preocupaciones
que no son míos.

На младини
по-лесно късах розите
и ги поднасях,
сякаш бяха нещо
измислено от мен.

Сега ги гледам
и им се радвам
както са на храста.
Не ги докосвам.

Моля се и вятърът
да пощади
нетрайната им прелест,
като не знае
как да я повтори.

De joven
me dolía menos arrancar rosas
y ofrecerlas
como si fueran
creadas por mí.

Ahora las miro
y me alegra verlas
en su arbusto.
Ni me atrevo a rozarlas.

Ruego al viento
que les perdone
su efímera belleza
pues no va a saber
cómo repetirla.

Този атласки кедър
който някога заселих —
крехка фиданка
пред къщи,
днес е десет пъти
по-близо до небето
от мен.
Гледа ме отгоре надолу
и проблемите ми
му изглеждат нищожни.
Когато вдигна
очи към вечно-
зеления му връх,
който танцува
с всеки безгрижен повей
в онзи друг,
прозрачен свят
високо над главата ми,
почти съм склонен
да се съглася,
че той е прав.

Este cedro del atlas
que una vez planté —
frágil esqueje
frente a mi casa,
ahora está diez veces
más cerca del cielo
que yo.
Me mira de arriba abajo
y mis problemas
se le antojan insignificancias.
Cuando levanto
mi vista hacia su cima
eternamente verde,
danzante
a cada caprichoso soplo
de ese mundo
transparente
tan alto sobre mi cabeza,
casi me inclino
a darle
la razón.

В подножието на дървото

Дървото предоставя своя вертикален свят
на всеки, който знае как да го достигне.
Тук катерицата спокойно лющи зимните си лешници,
тук сойката оглежда подопечните си територии,
тук детството ми се катери босо към небето,
тук даже котката — домашен звяр — лукаво се промъква,
за да опита сладостта на дивото.
За всекиго тук трепка своя златна клонка.
И само кучето и остарелият човек
вдигат отдолу тежки земни погледи
и постояват омагьосани в подножието на дървото
преди да продължат по плоските си пътища.

En las faldas del árbol

El árbol prodiga su mundo vertical
al que sepa alcanzarlo.
Aquí una ardilla pela tranquila sus avellanas,
ahí el arrendajo vigila sus lares,
allí mi infancia trepa descalza al cielo,
por allá incluso el gato —la bestia doméstica— astuto se cuela
a paladear la dulzura salvaje.
Para todos zarandea su dorada rama.
Y sólo el perro y el viejo
alzan sus grávidos ojos terrenales
y quedan extasiados en las faldas del árbol
antes de continuar por allanados senderos.

Малко строгост

Зимата превръща
разкошната живопис на гората
в черно-бяла графика.
Пред пиянството на цветовете
предпочита трезвостта на формата.
И сетивата се избистрят
в кристалния въздух,
намират опора в рисунката с туш
на стволове и на клони.
Малко строгост не е излишна
и в живота
както в изкуството.

Un poco de seriedad

El invierno transforma
el precioso lienzo del bosque
en trazos en blanco y negro.
Ante la embriaguez de sus colores
elige la sobriedad de la forma.
Y los sentidos aguzados
en el aire cristalino,
hallan agarre en el dibujo
de troncos y ramas a tinta.
Un poco de seriedad no está de más
tanto en la vida
como en el arte.

Царство

Над елхите годиначета —
един магарешки трън.
Царствено се извисява
с пурпурната си корона,
с изумрудна мантия.
Царството му –
от ден до пладне.

Reino

Sobre los pequeños abetos —
un cardo borriquero.
Majestuoso se eleva
con su púrpura corona,
y su túnica esmeralda.
Precario
reinado.

Навярно беше вятърът.
Или пък не?
Дървото
над мен внезапно оживя,
задиша,
запя, зашепна, заразказва нещо
с безброй раздвижени листа,
с безброй уста зелени.
И аз покорно легнах във нозете му,
предадох му ушите си, очите си,
и нямаше над мене вече нищо
освен листа, листа, листа, листа...

Seguramente fuera el viento.
¿O quizá no?
El árbol
sobre mí, repentinamente cobró vida,
empezó a respirar,
cantar, susurrar, a contar algo
con infinito ajetreo de hojas,
e infinitos labios verdes.
Y yo, resignado, me acosté a sus pies,
le cedí mis orejas, mis ojos,
y no había ya nada sobre mí, nada
sólo hojas, hojas, hojas, hojas...

Отражения

Дървото се навежда над водата,
където като водорасли
раснат
към него клоните на отражението му.
Ръце,
протегнати
едни към други,
не дръзнали докрай да се докоснат.

Като хипнотизирани животни
дърветата от двата антисвята
се взират втренчено едно във друго.
И въпреки че минах тъй наблизо
и върху мене светеше луната,
дори един-единствен лист не трепна.

Reflejos

Un árbol se encorva sobre el agua,
allá donde como algas
brotan
hacia él las ramas de su reflejo.
Brazos,
extendidos
unos hacia otros,
sin osar asirse.

Como animales en trance
los árboles de ambos antimundos
se miran fijamente.
Y aunque logré pasar muy cerca
y sobre mí alumbraba la luna,
ninguna hoja se inmutó.

Урокът

Ако дъбът е презимувал в жълъда,
както духът – в бутилката,
сърце,
пръсни се в песни —
ти си семето
на този свят безкраен.

Lección

Si el roble inverna en la bellota,
igual que el espíritu en la botella,
corazón,
estalla en canto —
eres la semilla
de este inmenso mundo.

Черна сянка

Сред голия клонак
високо горе —
черна сянка.
Птица разпъната.
Или пластмасова торбичка?

Negra sombra

Entre el ramaje desnudo
arriba —
negra sombra.
Ave crucificada.
¿O bolsa de plástico?

Споделяне

Жената беше прегърнала
огромното старо дърво,
притискаше се с цяло тяло към него
и му говореше,
говореше му дълго и доверително.
Само с устни,
без звук.
А дървото мълчеше
и слушаше.

Compartir

La mujer abrazó
al enorme y viejo árbol,
lo apretujaba contra sí
hablándole,
un interminable hablar, confiada.
Solo con sus labios,
sin emitir sonido.
Y el árbol callado
la escuchaba.

Корона

Дървото
си извоюва място
за растене
без нотариален акт.
Разперва клоните си,
хвърля сянка
върху земя,
където други биха се надявали
да видят слънцето —
по-късни и по-дребни.

Дървото
не зачита правилата
на общежитието.
Грижи се единствено
за собствената си корона.

Чудя се
с какво така омайва погледа ми
отдалече
и приспива
критичния ми разум.
Как превзима птиците?

Corona

Este árbol
se apropia el espacio
donde crecer
sin escrituras.
Extiende sus ramas,
echa sombra
sobre la tierra
allí donde otros esperarían
ver el sol —
los más pequeños y tardíos.

Este árbol
no respeta las normas
comunes.
Solo le preocupa
su propia corona.

Me pregunto
cómo logra hechizar mi mirada
desde lejos
y adormecer
mi mente crítica.
¿Cómo seduce a los pájaros?

Надхитряне с дявола

Дошъл е часът на разплащането.
Тополата хвърля три златни листа,
брезата – седем,
дюлата – само едно
и то не веднага,
сякаш го къса
от сърцето си.

Но есента чака,
дори примижава на слънце.
Тя знае, че всичко е нейно,
че е излишно да нервничи,
защото зад нея е
времето.

Burlando al diablo

Ha llegado el momento de saldar cuentas.
El álamo lanza tres hojas doradas,
el abedul siete,
el membrillo solo una
y le lleva su tiempo
como si la arrancara
de sus entrañas.

Pero el otoño espera,
incluso entrecierra los ojos al sol.
Sabe que todo le pertenece,
que es absurdo alterarse,
pues tras él solo se halla
el tiempo.

Клипче

Две ръце, събрани в шепа
под отворения кран
на кухненската мивка.
И едно миниатюрно горско птиче,
кой знай откъде долитнало,
дръзнало да се изкъпе
в тази стъкната за него вана
(или, току-виж, капан?).

Как бихте го озаглавили:
Доверчивост?
Или може би: Доверие?

Зад прозореца гърми война,
човеци се избиват,
а аз отново и отново гледам
пратеното ми от някого
домашно клипче
и в гърдите
непорасналото глупаче се отпуска,
заподскачва като лудо
и се гмурка-гмурка с птичето
в утопията
на една човешка шепа.

Vídeo

Dos manos unidas en cuenco
bajo el grifo abierto
del lavadero de la cocina.
Y un diminuto pajarito del bosque,
quién sabe de dónde vino,
se atreve a bañarse
en esta bañera a su medida
(¿o quizá sea una trampa?).

Cómo lo titularíais:
¿Ingcnuidad?
¿O quizá confianza?

Tras la ventana retumba la guerra,
hombres se matan,
y vuelvo a mirar
ese vídeo casero
que me enviaron
y en mi pecho
el niño inmaduro se relaja,
empieza a saltar como loco
y se zambulle con el pájaro
en la utopía
de unas manos humanas.

Имам време

Едно дръвче — рошаво и немирно
за миг се отделя от другите,
подредени край линията,
и се хвърля към влака
с всички свои бухнали клони:
Бау! —
иска да го уплаши.

Влакът обаче не му обръща внимание.
Той се е затичал по работата,
за която са го изпратили –
няма време да си играе с маляци!

Само аз,
макар и понесен от влака,
но небръснат,
небързащ за никъде
и посегнал към вятъра
през смъкнатия прозорец,
имам, имам време,
дръвче, имам време,
имам...

Tengo tiempo

Un arbolito — despeinado e inquieto
se separa por un instante de los otros,
juntitos y alineados,
y se lanza contra el tren
con todas sus ramas extendidas:
¡Buh! —
intenta asustarlo.

Pero el tren no le hace caso.
Se fue corriendo a sus quehaceres
encomendados
¡no se anda jugando con pequeñajos!

Solamente yo,
llevado por el tren,
pero sin afeitar,
sin apresurarme a ningún sitio
con el brazo alzado al viento
por la ventana bajada,
tengo, tengo tiempo,
arbolito, tengo tiempo,
tengo…

Бъдеще, с което се разминахме

По празния паркинг са накацали чайки —
припичат се на сладкото утринно слънце.
Сякаш е настъпил краят на света.
Чайки – всъдеходи:
стъпват по земята
не по-зле от кой да е от нас,
плават по водата и по въздуха
като у дома си
и не бързат —
греят се на утринното слънце.
Ето бъдещето —
бъдеще, с което се разминахме:
чайки по опразнените паркинги
и слънце, слънце утринно
върху белите крила на градовете ни.

El futuro que hemos perdido

Por el aparcamiento vacío se han posado gaviotas —
tomando el dulce sol de la mañana.
Como si hubiera llegado el fin del mundo.
Gaviotas todoterreno:
pisan por la tierra
mejor que cualquiera de nosotros,
navegan por el agua y por el aire
como por su propia casa
sin apresurarse —
se calientan al sol de la mañana.
Mira el futuro —
el futuro que hemos perdido:
gaviotas por aparcamientos vacíos
y sol, sol matutino
sobre las blancas alas de las ciudades.

Внезапно хайку

Белите брезички край пътя —
небесни транспаранти,
изписани с изящни йероглифи.

Irrumpe un haiku

Blancos abedules del camino —
palio del cielo
inscrito de acendrados jeroglifos.

Момчетата, които сърфират –
призрачно тънки и леки –
на ролковите си дъски
пред Паметника на Съветската армия
и не знаят, че той съществува
в бетонната си огромност,
са утрешния ден на България.
Искам да надникна в очите им,
но не откривам в тях нищо
освен ненаситно движение
към нови пространства, в които
всички форми на нашия свят
са изгубили плътност и видимост.

Skaters
delgados y leves espectros
sobre tablas rodantes
encarados al Monumento del Ejército Soviético
ni ven que existe
pese a su mole de hormigón,
son el mañana de Bulgaria.
Me asomo a sus ojos,
sin hallar nada
salvo movimiento insaciable
a nuevos ámbitos donde
cada forma de nuestra realidad
se torna intangible y etérea.

Преображение

Опразненият плаж е окупиран
от гларусите.
Ето ги — пристъпват,
ровят навред под хорските чадъри —
важни като инспектори,
но всъщност куци,
несигурни като крадци,
готови винаги,
ако се върне собственикът,
да изчезнат.

Изчезването е преображение:
спрат, вдигнат жълта човка към небето,
размахат силните крила
и литнат
над сивото море
в широки кръгове —
бели като архангели,
неумолими
като князе —
с връхчето на крилото
обезглавяват седмоглавата вълна
и сребърниците на рибата се пръсват
в дълбочината.

Нека всичко легне
на мястото си
като бисер в мида.

Transfiguración

La playa vacía ha sido ocupada
por las gaviotas.
Míralas — van pisando,
hurgando bajo las sombrillas de la gente —
engreídas, como inspectores,
pero cojas,
inseguras como ladronas,
dispuestas siempre,
si vuelve el dueño,
a desaparecer.

Su desaparición es una transfiguración:
se detienen, elevan su pico amarillento al cielo,
baten sus robustas alas
y alzan el vuelo
sobre el grisáceo mar
en amplios círculos —
blancos como arcángeles,
impasibles
como príncipes —
con la punta del ala
decapitan la ola policéfala
y los argénteos denarios del pez se lanzan
a lo profundo.

Que todo yazca
en su sitio
igual que una perla en su concha.

Александър Шурбанов е роден в София през 1941 г.

1956 г. – първи публикации на стихотворения в печата.

1966 г. – завършва английска филология в Софийския университет.

1967 г. – приет за аспирант (докторант) в Катедра по английска филология на Софийския университет. Аспирантурата включва и едногодишна специализация в Съсекския университет във Великобритания.

1970 г. – издава първия си голям стихотворен превод, Джефри Чосър, „Кентърбърийски разкази".

1971 г. – назначен за хоноруван преподавател по английска литература в Софийския университет; командирован от Министерството на образованието като първи лектор по български език и литература в Лондонския университет.

1972 г. – защитава кандидатската си (докторска) дисертация върху преобразуването на елизабетинската образност в поезията на Джон Дън (на английски език) и получава научната степен Кандидат на филологическите науки; назначен е за редовен преподавател по английска литература в Софийския университет.

Alexander Shúrbanov nació en Sofía (Bulgaria) en 1941.

1956. Primeras publicaciones de poesía en la prensa.

1966. Se licencia en Filología Inglesa por la Universidad de Sofía.

1967. Es aceptado como estudiante de doctorado en el Departamento de Filología Inglesa de la Universidad de Sofía. Sus estudios de posgrado incluyeron una especialización de un año en la Universidad de Sussex (Gran Bretaña).

1970. Publicó su primera traducción importante de poesía, *Canterbury Tales*, de Geoffrey Chaucer.

1971. Es nombrado Profesor Colaborador de Literatura Inglesa en la Universidad de Sofía y es el primer lector de lengua búlgara enviado a la Universidad de Londres.

1972. Defiende su tesis doctoral sobre la transformación de la imaginería isabelina en la poesía de John Dunne (en inglés) y es nombrado profesor a tiempo completo de Literatura Inglesa en la Universidad de Sofía.

1974 г. – става член-учредител на Съюза на преводачите в България и председател на Кабинета на младия преводач.

1977 г. – издава първата си самостоятелна стихосборка, „Третата ръка“.

1978 г. – получава звание Доцент въз основа на хабилитационен труд „Ренесансовият хуманизъм и лириката на Шекспир“. Избран е за ръководител на Катедра по английска филология в Софийския университет, която длъжност изпълнява с прекъсвания до 2003 г.

1979-1981 г. – лектор по български език и литература по американската държавна програма за академичен обмен Фулбрайт в Калифорнийския университет в Лос Анджелис.

1981 г. – издава първи български стихотворен превод на поемата на Джон Милтън „Изгубеният рай“.

1983-1987 г. – Декан на Факултета по западни филологии на Софийския университет.

1990-1996 г. – първи председател на Българското дружество за британски изследвания и член на Управителния съвет на Европейското дружество по англицистика (ESSE).

1991 г. – защитава втора докторска дисертация, „Между патоса и иронията: Кристофър Марлоу и зараждането на ренесансовата драма“ и получава научната степен Доктор на филологическите науки (т.нар. „голям докторат“).

1974. Miembro fundador de la Unión de Traductores de Bulgaria y Presidente del Gabinete de Jóvenes Traductores.

1977. Publica su primer poemario independiente, *Tretata ruka*.

1978. Recibe el título de Profesor Asociado en base de su tesis *El humanismo renacentista y la lírica de Shakespeare*. Fue elegido Jefe del Departamento de Filología Inglesa de la Universidad de Sofía, cargo que ocupó intermitentemente hasta 2003.

1979-1981. Profesor de Lengua y Literatura búlgaras en el marco del programa Fullbright de Estados Unidos en la Universidad de California (Los Ángeles).

1981. Publica la primera traducción poética búlgara del poema de John Milton, *El paraíso perdido*.

1983-1987. Decano de la Facultad de Lenguas Occidentales de la Universidad de Sofía.

1990-1996. Primer Presidente de la Sociedad Búlgara de Estudios Británicos y miembro de la Junta Directiva de la Sociedad Europaea de Estudios Ingleses (ESSE).

1991. Defendió una segunda tesis doctoral, *Entre el pathos y la ironía: Christopher Marlowe y la aparición del teatro renacentista* y recibió el título de Doctor en Filología.

1995 г. – получава званието Професор.

1997-2002 - Президент на Съвета на писатели и преводачи от три морета (европейска международна организация), Родос, Гърция.

2004 г. – гост-преподавател по английска поезия за два семестъра в Нюйоркския щатски университет в Олбани, САЩ.

2011 г. – двутомник избрани произведения.

2012 г. – том с преводи на Великите трагедии на Шекспир („Хамлет", „Отело", „Крал Лир", „Макбет").

Членувал е/ членува в международни творчески и академични организации:

> The European Society for the Study of English
> The English Association
> The International Shakespeare Association
> PEN International
> Academia Europaea

Автор е на дванадесет поетични книги, както и на шест книги с есеистична проза. Някои от по-новите му книги като „Onum" (2016) и „Закуска с нар (2021) са съчетание на двата жанра.

1995. Fue nombrado Catedrático.

1997-2002. Presidente del Consejo de Escritores y Traductores de los Tres Mares, Rodas (Grecia).

2004. Profesor invitado de Poesía Inglesa durante dos semestres en la Universidad Estatal de Nueva York en Albany.

2011. Su obras es publicada en dos volúmenes.

2012. Volumen de traducciones de las Grandes Tragedias de Shakespeare (*Hamlet, Otelo, El Rey Lear, Macbeth*).

Es miembro de organizaciones artísticas y académicas internacionales:

> The European Society for the Study of English
> The English Association
> The International Shakespeare Association
> PEN International
> Academia Europaea

Es autor de doce libros de poesía y seis de prosa ensayística. Algunos de sus libros más recientes, como *Opit* (2016) y *Zakuska s nar* (2021), son una combinación de ambos géneros.

Той е и преводач на най-знаменитите творби на Джефри Чосър, Уилям Шекспир, Джон Милтън, Самюъл Тейлър Колридж, Рабиндранат Тагор, Дилън Томас, Тед Хюз и др.

Публикувал е голям брой изследвания на английската ренесансова литература в България и чужбина.

Стиховете му са преведени и пуликувани на много чужди езици. Негови поетични книги са издавани в САЩ, Италия и Северна Македония.

Носител е на литературни и академични награди; избран е за Doctor Honoris Causa на британските университети на Кент и Съри и е удостоен с почетния знак на Софийския университет.

También traduce las obras más célebres de Geoffrey Chaucer, William Shakespeare, John Milton, Samuel Taylor Coleridge, Rabindranath Tagore, Dylan Thomas y Ted Hughes, entre otros.

Ha publicado un gran número de estudios sobre la literatura inglesa del Renacimiento en Bulgaria y en el extranjero.

Sus poemas han sido traducidos y publicados en muchas lenguas extranjeras. Sus libros de poesía han sido publicados en Estados Unidos, Italia y Macedonia del Norte.

Ha sido galardonado con diferentes premios literarios y académicos. Fue elegido Doctor Honoris Causa de las universidades británicas de Kent y Surrey y recibió la Insignia Honorífica de la Universidad de Sofía.

Българската костенурка съществува.

Научното ѝ название е *testudo hermanni boettgeri*, вид, разпространен в различни територии на Източна Европа, като например: Македония, Румъния и най-вече, България. Тази красива сухоземна костенурка населява територията си, въпреки заплахите, на които е изложена, независимо дали поради неблагоприятните последици от *прогреса* или поради материалистичните възгледи, които ги превръщат в декорация, храна или лекарство. Накратко: това е застрашен вид във време, което се развива стремглаво.

Но тази костенурка не е сама — *boettgeri* е побратимена с друг вид, принадлежащ към едно и също семейство и, който също е в сериозна опасност — *testudo hermanni hermanni*, родом от Средиземноморието, територията, на която това издателство работи за всички испаноговорящи.

От това зоологическо братство се ражда образът на Българската костенурка, който представлява обединението между езиците чрез костенурките, които, въпреки трудностите оцеляват и правят това, което укрепва културите — споделят.

Existe la tortuga búlgara.

Su nombre científico es *testudo hermanni boettgeri,* especie
repartida entre diversos territorios de Europa del Este, tales
como Macedonia, Rumanía y principalmente Bulgaria. Esta
hermosa tortuga terrestre acostumbra a poblar su territorio
a pesar de las amenazas que sufre, bien sea por los malos efec-
tos del *progreso,* bien por la visión materialista que
las convierte en ornamento, alimento o medicina.
En definitiva: es una especie en peligro
en unos tiempos que avanzan atropellados.

Pero esta tortuga no está sola: *boettgeri* está hermanada
con otra especie perteneciente a su misma familia,
y que también corre grave peligro: *testudo hermanni hermanni,*
oriunda del Mediterráneo, territorio desde el que esta editorial
obra hacia todos los hispanohablantes.

De esta hermandad zoológica es de donde nace la imagen de
La Tortuga Búlgara, que representa la unión entre lenguas
a través de unas tortugas que, pese a la dificultad, sobreviven
y hacen eso que fortalece las culturas: compartir.

La Tortuga Búlgara (Българската Костенурка) възниква при необходимостта да се даде глас на испански на не толкова разпространена чуждестранна литература. Въпреки, че сме особено привързани към българската съвременна литература, ние отчитаме и творби, написани на други славянски и източноевропейски езици, както и испаноезични автори. Нашите поетични книги се издават на два езика, за да бъдем верни на автора и неговия оригинален тембър, както и за да обогатим четенето на двуезичния читател.

La Tortuga Búlgara

La Tortuga Búlgara nace ante la necesidad de dar voz en español a literaturas y lenguas de escasa difusión. Aunque tenemos especial apego a la literatura búlgara contemporánea, damos también cabida a otras lenguas eslavas y del este de Europa, así como a autores hispanohablantes. Nuestras ediciones de poesía son bilingües para ser fieles al autor y a su timbre original, así como para enriquecer la lectura del lector bilingüe.

La Tortuga Búlgara